LES

CENT PROPHÉTIES,

OU

LA VOIX DU PEUPLE,

PAR JOSEPH ALPHONSE.

PARIS,

CHARLES, Imprimeur, rue Thionville, n° 36.
CHEZ LES MARCHANDS DE NOUVAUTÉS.

21 JUIN 1815.

AVERTISSEMENT

PROPHÉTIQUE.

Les Prophètes sont appelés les Voyans, parce qu'ils voient de loin la vérité, et qu'ils ont la force et le courage de porter sa lumière devant les yeux des peuples et des rois.

Saisir l'enchaînement des causes et des effets, du principe et du but universel de toutes les révolutions du monde ; juger du présent par la connaissance du passé, et de l'avenir par la marche de l'esprit humain et de tous les événemens possibles, c'est être prophète.

Prédire que le règne des idées libérales établira le triomphe de la vérité sur l'erreur, de la justice sur l'iniquité, de la vertu sur le vice ; que le règne de la liberté suivra les progrès des lumières de la raison ; et que tous les peuples éclairés seront libres lorsqu'ils en auront la volonté, c'est prophétiser pour le bien de l'humanité.

Le temps viendra où il n'y aura pas un seul peuple, pas une seule nation sur la terre qui ne connaisse la volonté de la nature, qui est de rendre tous les hommes égaux et libres : c'est la loi de Dieu même qui le veut de toute éternité ; et cette loi éternelle sera le code des nations.

Il est né, il naîtra et renaîtra sans cesse dans tous les âges et dans tous les pays, des hommes qui réuniront tous les efforts de la sagesse et de la puissance pour établir sur la terre le règne de la raison, de la vérité, de la justice et de la liberté.

Et ces hommes seront des héros, des législateurs, des sages, des philosophes, des génies supérieurs, des libérateurs des nations.

LES
CENT PROPHÉTIES.

ARTICLE PREMIER.

LA *voix du peuple est la voix de Dieu ;* ancienne vérité, toujours nouvelle, qui se fera entendre à l'oreille des rois, lorsque les peuples prendront la parole.

2. Peuples! prêtez l'oreille à la voix de la vérité, ne fermez point les yeux devant la lumière qui doit vous éclairer sur vos droits et vous conduire à la liberté, à l'indépendance, au bonheur.

3. Rois ! vous êtes hommes et mortels : mais le genre humain est immortel ; il a une existence permanente sur la terre. Un roi, un législateur, un héros, un citoyen meurent ; mais un peuple ne meurt point.

Vous n'avez qu'un seul moyen pour connaître la vérité, c'est d'écouter la voix des peuples qui vous demandent la liberté, la justice et l'égalité devant les lois.

Eh! quelle gloire plus grande que celle de rendre les hommes égaux et libres, justes les uns envers les autres, meilleurs et plus heureux? Que restera-t-il de vous sur la terre, si vous ne faites pas le plus grand bien des peuples? ...

4. Princes de la terre! vous dites souvent aux peuples : *Rendez à César ce qui appartient à César.* Mais la voix du peuple vous crie d'un bout du globe à l'autre :

Rendez au peuple ce qui appartient au peuple, et au genre humain, ce qui appartient au genre humain.

Les peuples n'existent point pour les rois; les rois sont de simples citoyens choisis par les peuples pour les gouverner selon les lois faites dans les assemblées des nations.

Ce n'est point de Dieu que vous tenez la souveraine puissance ou l'autorité dont vous êtes revêtus : vous ne la tenez uniquement que du peuple.

La souveraineté réside essentiellement dans le peuple : il est la seule source légitime du pouvoir; de lui seul émane la majesté des rois.

Si vous n'écoutez point *la voix du peuple*, ô rois de la terre! vous n'êtes qu'au commencement des révolutions. Si vous n'observez point la justice, si vous n'êtes point les amis de la liberté, attendez-vous à des malheurs éternels.

5. Dès le premier âge du monde, les révolutions se sont succédées; elles ont fait la conquête des siècles et des peuples. Elles ont commencé en Asie; elles se sont développées avec plus ou moins de force et d'énergie, de lenteur et de rapidité, de désavantage ou de succès pour le genre humain; dans la Chine, dans l'Inde, en Perse, en Chaldée, en Assyrie, en Arabie, en Ethiopie, en Egypte, en Phénicie, en Grèce, en Italie, en Afrique, en Amérique et dans toute l'ancienne et la moderne Europe. Elles feront de nouveau la conquête des deux mondes si on ne les prévient par de sages institutions.

6. Les causes de toutes les révolutions du genre humain, sont :

1° L'ignorance, les erreurs et les passions des hommes ;

2° L'oppression, l'esclavage et le désespoir des peuples ;

3° L'ambition, la tyrannie et le despotisme des rois et des princes ;

4° Les guerres injustes et les maux qu'elles entraînent ;

5° Le pouvoir arbitraire et l'oubli de ses limites naturelles ;

6° Le mépris des droits des peuples et des devoirs des souverains ;

7° La violation du droit naturel, politique, civil, public et des gens ;

8° L'infraction des lois et la corruption des mœurs ;

9° Les vices de toutes les classes de la société ;

10° Les injustices et les iniquités des magistrats sans probité ;

11° L'orgueil, la dureté et les vaines prétentions des nobles ;

12° Le mensonge, la fourberie et l'imposture des prêtres ;

13° Le fanatisme, les superstitions et les dogmes absurdes des religons ;

14° L'absence de la raison et toutes les croyances qui n'y sont point conformes ;

15° La mauvaise foi et le charlatanisme des faux politiques ;

16° L'égoïsme, la cupidité et le luxe des grands et des riches ;

17° La misère des pauvres et l'abandon des orphelins ;

18° Les mauvais exemples des pères et des mères envers leurs enfans ;

19° Le manque de respect de la part des enfans envers leurs parens ;

20° L'espèce de mépris des jeunes gens pour les vieillards, et les vices de ceux-ci ;

21° En une vérité, la corruption de la plus grande partie des hommes de tous les âges, de tous les états, de toute condition, de toute nation, comme celle de tous les peuples.

Et tant que les hommes et les peuples ne seront pas meilleurs, tant que les rois et les gouverneurs du monde ne seront pas plus justes et qu'ils ne régneront pas sur des citoyens libres, ils seront sans cesse les victimes de leurs propres révolutions ; ils ne doivent s'attendre qu'à des désastres universels........

7. Le principe, l'objet, le but de toutes les révolutions du genre humain, sont :

1° Le développement des plus nobles facultés humaines, la réforme des abus ;

2° L'usage de la raison, de l'intelligence et l'emploi de ses forces ;

3° La liberté de l'esprit humain, de la pensée, de la conscience et de la presse ;

4° La connaissance de la vérité et la propagation des lumières ;

5° La dignité de l'homme et le respect pour ses semblables ;

6° L'égalité de tous les hommes devant la loi de la justice ;

7° L'exercice de tous ses droits naturels, civils et politiques ;

8° L'accomplissement de ses devoirs d'homme et de citoyen ;

9° La sûreté, l'union et la fraternité des hommes de toute nation ;

10° L'éducation nationale et l'instruction réelle et positive du peuple ;

11° La législation universelle, les lois justes et impartiales ;

12° La division de la propriété et le partage commun de tous les biens de la société ;

13° Les limites du pouvoir et les bornes de l'obéissance ;

14° La liberté et l'indépendance de tous les peuples ;

15° La tolérance et la liberté de tous les cultes ;

16° La souveraineté reconnue de toutes les nations ;

17° Les assemblées du peuple et la manifestation de la volonté générale ;

18° La déclaration des droits de l'homme et de l'humanité ;

19° Les constitutions libérales et les gouvernemens représentatifs ;

20° L'application des principes, des vérités et des lois utiles ;

21° L'épuration des mœurs, de la morale, de la religion et de la politique ;

22° La censure de l'opinion éclairée ou de la raison publique ;

23° Les observations, les recherches, les découvertes dans la nature et la société ;

24° Le développement du génie et des talens, le perfectionnement des arts et des sciences ;

25° Enfin, toutes les institutions propres à élever l'homme, à instruire, à former le peuple, à ennoblir l'espèce humaine, à établir sa puissance sur la terre.

Il est écrit, il est prédit dès long-temps, que tous ces principes, que toutes ces vérités, que toutes ces lois et institutions utiles et nécessaires à la liberté et au bonheur du genre humain, s'établiront chez tous les peuples qui veulent être heureux et libres ; et cela, par les progrès des lumières de la raison, par la volonté suprême de toutes les nations éclairées, par les efforts réunis de tous les amis de la vérité et de la justice ; par la force irrésistible et la toute-puissance de l'opinion, la souveraine des rois.

La France.

8. La volonté suprême, toute puissante et irrésistible de la nation française, est pour sa liberté et son indépendance. Elle sera libre, parce qu'elle le veut. Et aucune volonté, aucune puissance, ni dans les cieux ni sur la terre, ne s'opposera à la sienne.

9. La voix du peuple français s'est fait entendre jusqu'au trône du très-haut. Depuis un quart de siècle il demande sa liberté, et elle lui sera donnée, ou il l'acquerra par sa propre volonté, par sa toute-puissance.

10. Toute souveraineté émane de lui, et l'exercice de la souveraine puissance ne sera confiée qu'à celui qui promettra solennellement à la nation assemblée de maintenir à jamais sa liberté, et l'exercice de ses droits éternels, et ceux de tous ses citoyens, et l'intégrité de son territoire sacré et son indépendance.

Et l'autorité ne lui sera conservée qu'autant qu'il tiendra ponctuellement ce qu'il aura promis en présence de la nation et à la face de l'univers.

11. Et il ne gouvernera que par les lois et les constitutions ; et les lois seront au-dessus de lui, et dès l'instant qu'il les aura violées à l'égard d'un seul citoyen ou d'une partie de la nation, le pacte fait entre lui et le peuple sera rompu sans retour.

12. Mais le souverain ne sera désormais que le premier citoyen de la nation, le roi, le prince, le ministre ou le magistrat du peuple; et il reconnaîtra, comme tout citoyen, *la majesté de la loi.*

13. Le chef de la nation française, s'il veut la gouverner avec amour, raison et sagesse, sera juste, libéral, populaire, simple, vrai, sincère, de bonne foi dans tous ses actes, désintéressé, impartial, équitable, généreux, bienfaisant, humain, grand, magnanime, ferme, courageux, dévoué au peuple.

Quant à la clémence, la nation est trop fière pour en vouloir. Le peuple ne la connaît pas. Elle n'appartient qu'à la divinité ou à la loi; et il n'est pas donné à un simple mortel d'exercer la clémence, pas plus que la vengeance, sur ses égaux, ses frères, ses semblables; et tous les citoyens français sont ennoblis aux yeux de la nation.

Rois, princes, nobles et prêtres, seront déclarés citoyens, le plus beau de tous les titres, après le titre d'homme; le premier, le plus ancien et le plus respectable de tous.

La nation proclamera de nouveau les droits et les devoirs de l'homme et du citoyen. Cette déclaration sera mise en tête du code de ses lois et de ses constitutions.

14. L'exercice des droits et des devoirs de l'homme et du citoyen, est la première loi du peuple. La loi ou la raison publique, manifestée par tous les hommes libres, justes et raisonnables, est l'expression de la volonté générale. Elle est au-dessus de tous les mortels et des immortels, et du souverain lui-même.

Les devoirs du peuple envers la loi et lui-même, passeront avant les devoirs qu'il se prescrit envers le souverain : le premier et le plus sacré de tous ses devoirs est de maintenir sa liberté, son indépendance, et l'exercice de tous ses droits sans lesquels il perdrait sa qualité de peuple.

15. Le premier devoir de tout homme éclairé, de tout citoyen libre, est de dire la vérité au peuple et au souverain; et si celui-ci ne veut pas l'entendre, il n'est plus digne de commander. Ce n'est point assez d'entendre la vérité, il faut la reconnaître, l'appliquer à la politique, obser-

ver les lois et la justice, gouverner le peuple selon les constitutions.

La volonté de la nation est au-dessus de celle de son chef ; ce chef, quel qu'il soit, ne sera jamais son maître : elle s'appartient à elle-même, et n'appartiendra jamais à personne

16. Toute la nation veut une constitution libérale, forte, immuable, indestructible ; elle veut une garantie nationale contre l'exercice du pouvoir arbitraire ; elle veut une loi fondamentale qui assure son indépendance intérieure et extérieure ; elle veut une liberté raisonnable, vraie, sage et bien réglée pour tous ses citoyens ; elle veut l'égalité des droits pour tous ; elle veut la sûreté des personnes et des propriétés, et sa volonté sera accomplie : il en sera ainsi de tout ce qu'elle voudra avec force, courage et persévérance.

17. Et si elle est trompée dans son attente, dans l'exercice de sa volonté et de la puissance qu'elle confie à son gouvernement, le grand œuvre de la révolution n'est point achevé.

Le peuple combattra éternellement les ennemis de sa liberté, jusqu'à ce qu'il ait acquis, et pour toujours, l'entière jouissance de tous ses droits. Il est capable de combattre jusqu'à extinction. Mais un peuple qui veut être libre est invincible : il intéresse le ciel et la terre à sa juste cause.

18. Quoi qu'il arrive sous le soleil, la nation ne rétrogradera point : elle s'avance d'un pas sûr, ferme et énergique, avec un courage, une force vraiment héroïque vers sa liberté et l'accomplissement du grand œuvre de sa régénération.

19. La France est immortelle : elle vaincra tous ses ennemis ; elle triomphera de tous les obstacles qui s'opposent à sa liberté, à sa prospérité, à son bonheur présent et futur ; et le Dieu fort, et la puissance et le courage se joindront à ses héros, à ses citoyens pour la rendre heureuse et libre.

L'Allemagne.

20. La nation allemande marche lentement vers sa liberté, son indépendance ; mais elle y arrivera plus sûrement.

21. Dans ce pays, le peuple suit la marche lente et progressive de la nature ; il connaît ses lois simples, ne s'en écarte guères, et il est dans le chemin des vraies lumières, des connaissances utiles, de la prospérité et du bonheur.

22. Les peuples de l'Allemagne seront éclairés sur leurs droits, lorsque les philosophes de

cette nation feront redescendre la vérité du ciel sur la terre, lorsqu'ils enseigneront plutôt l'exercice de ces droits que le cours de planètes qui suivront bien leur chemin sans eux, lorsqu'ils s'attacheront à perfectionner la législation et les lois, et les constitutions, et les gouvernemens de leur patrie.

23. Le peuple en Allemagne a de nombreux ennemis à combattre pour être libre; ce sont les nobles : mais il les éclairera un jour sur ses droits et sur leurs devoirs; et ce jour n'est pas éloigné, et sa lumière réjouira la vue du peuple, et elle reluira sur toute cette grande nation.

24. Le congrès des seigneurs et de leurs ministres, qui s'est tenu au milieu de l'Allemagne, pour le malheur de l'Europe, a voulu disposer des peuples et les donner à des maîtres comme de vils troupeaux.

Mais les peuples ont élevé la voix, et les uns réclament leur chef et leur père, les autres leur constitution, et tous, leur droit de possession; car ils n'appartiennent qu'à eux-mêmes.

Et les nations savent aujourd'hui que les ministres du congrés sont vendus aux grands seigneurs, qu'ils ne sont que des marchands de peuples, et qu'ils ont vendus tous ceux qui les ont achetés. Il n'en sera plus de même.

25. La voix de ce grand-conseil ne s'est point fait entendre; il n'a point proclamé, ni les principes libéraux, ni les vérités utiles, ni les lois justes et impartiales, ni les droits des hommes, ni ceux des nations, ni la liberté et l'indépendance des peuples.

Mais les peuples parleront pour lui à la postérité, et ils répéteront d'âge en âge : « Le congrés d'Allemagne a voulu rétablir l'ancienne » monarchie féodale, les droits féodaux aux » dépens de ceux des peuples, l'aristocratie de » quelques familles privilégiées, les prétentions » orgueilleuses des nobles, l'imposture des » prêtres, et toutes ces choses comme principes » des gouvernemens légitimes. »

26. Mais les beaux siècles de l'ignorance et de l'esclavage sont passés; ils ne reviendront plus, hélas! .... La vérité a éclairé tous les hommes de bonne foi, et la liberté suivra le progrès des lumières de la raison.

27. Les souverains, les hauts et puissans seigneurs de l'Allemagne se partagent les peuples, et proclament que c'est leur intérêt d'avoir des maîtres, de verser leur sang, de sacrifier leurs enfans pour la cause des rois. Mais les peuples seront détrompés le jour qu'ils feront usage de leur raison.

28. Les rois, les princes, les seigneurs et les ministres de l'Europe, seront *frappés de folie et de démence ;* et les peuples saisiront cet heureux moment pour reprendre leur liberté, leur indépendance et leur souveraineté qui ne peut rester entre les mains des fous.

29. Les peuples apprendront que les rois et leurs ministres sont leurs plus grands ennemis ; et qu'ils doivent, ou devenir meilleurs, plus justes et plus humains, ou cesser de régner.

30. Les révolutions inévitables dans lesquelles les peuples sont entraînés, instruiront les rois, appaiseront leur colère, et ils deviendront doux comme des agneaux, et ils flatteront même les peuples, afin qu'ils leur laissent la souveraineté encore quelques instans.

La Pologne et les Peuples slavons.

31. Toutes les nations slavonnes qui ont conservé leur langage, leurs mœurs, leurs usages et coutumes, redeviendront nations libres et indépendantes.

32. Le peuple de la Pologne, par son ardent amour pour sa patrie, par les sacrifices généreux dont il est capable, est digne d'acquérir et de conserver sa liberté, son indépendance ; et il en fera la conquête.

33. Le grand Peuple sarmate est encore endormi; mais son reveil sera celui du lion. Il fera un cri qui retentira depuis les mers d'Orient jusques sur les rivages de la Baltique, et depuis le Boristhène jusqu'à l'Elbe.

Et il réveillera le Bohémien, le Hongrois, l'Illyrien, et tous les peuples slavons qui habitent les bords du Danube.

34. Et ces peuples, jadis si belliqueux, feront la conquête de leur antique liberté, de leurs anciens droits, et ils s'assembleront, et ils se donneront des constitutions libérales, et ils établiront des gouvernemens représentatifs, et ils seront indépendans les uns des autres, et ils se réjouiront d'être libres.

35. Alors le peuple, ou les paysans de la Pologne, de la Bohême, de la Hongrie, de l'Illyrie, de la Servie, de la Valachie, de la Moldavie, s'assemblera, et dira aux nobles et seigneurs : « *Vous êtes nos égaux!* Promettez-nous de » nous traîter comme vos semblables, comme » vos frères, nous continuerons à cultiver vos » terres, et vous continuerez à nous gouverner » selon les lois.

» Il n'est pas bon de vivre en société sans » lois, ni d'être soumis à la loi du plus fort. » C'est pourquoi nous voulons établir des lois

» justes et impartiales. Nous serons seulement » vos égaux devant la loi.

» Aujourd'hui nous sommes les plus forts; » mais nous vous appellons librement au milieu » de nous pour concourir à la formation des » lois par lesquelles nous voulons être gou» vernés.

Aidez-nous de vos lumières : c'est à ce juste » prix que nous vous aiderons de nos bras, et » que nous employerons toutes nos forces pour » défendre la patrie et maintenir sa liberté. »

La Russie.

36. Les peuples de la Russie d'Europe et d'Asie seront les derniers qui parviendront à être libres, car la raison ne peut tout entreprendre à la fois ; mais enfin ils y parviendront, et cela peut-être plutôt qu'on ne pense.

37. Il est une classe d'hommes qui, dans tous les autres pays du monde, ralentissent les progrès des lumières de la raison, et, par conséquent, de la liberté.

Mais en Russie, ce sera la première qui y contribuera de toutes ses forces pour la classe du peuple ; ce sont les popes ou *les prêtres de l'église grecque.*

38. Et tous les hommes éclairés de la Russie seront fortement secondés par les chefs de la nation qui marcheront sur les traces du czar Pierre, son grand législateur.

Ils agiront de concert pour anéantir les tyrannies multipliées des grands seigneurs et des nobles, cette classe ennemie du genre humain, qui, du haut de son orgueil, regarde avec mépris les paysans généreux qui lui sacrifient leurs travaux, cultivent sa terre et lui donnent généreusement du pain.

39. Mais, à la gloire d'une partie de la nation russe, si le paysan avait à choisir entre le noble russe et le noble allemand, il prendrait le premier; car les nobles russes, ainsi que les nobles polonais, commencent à avoir des idées libérales; et bientôt, ils se trouveront heureux d'en faire l'application pour leur propre intérêt et pour leur bonheur.

40. Cependant, à en juger selon la vérité, les nobles ignorans et orgueilleux de tous les pays du monde, sont les mêmes : tous croient que les simples paysans sont faits pour les servir.

Mais, dès qu'ils seront un peu éclairés par l'expérience des révolutions, ils changeront de croyance, et leurs enfans seront élevés dans les principes de la raison, et abandonneront les superstitions de leurs pères.

41. Quand le temps sera venu, le peuple de la Russie, même celui de la Sybérie, donnera généreusement aux nobles et seigneurs, non seulement ses travaux et du pain, mais encore une éducation libérale, une législation libérale, des constitutions libérales, des lois impartiales, devant lesquelles ils seront les égaux de leurs semblables, en une vérité, tout ce qui peut les rendre véritablement heureux et libres comme les simples paysans.

42. Alors, les nobles et seigneurs reconnaîtront qu'ils ont autant de droits à la liberté et au bonheur que les autres hommes, leurs semblables, qui leur diront :

« La révolution qui nous a rendus frères, » égaux et libres, est un bienfait de la Providence. Embrassons-nous comme les citoyens » de la même patrie. Partageons nos biens entre nos enfans. Qu'ils reçoivent une éducation et une instruction communes. Qu'ils » soient élevés dans le sein de la fraternité, » de l'égalité et de la liberté. Ils en jouiront, » et tous seront heureux et reconnaissans les » uns envers les autres. »

La Suède, la Norwège, le Danemarck.

43. Je te salue, ô Suède! patrie de l'Ordre des paysans, le plus ancien et le plus respectable de tous, et sans lequel il n'y aurait ni rois, ni princes, ni magistrats, ni législateurs, ni prophètes, ni philosophes, ni savans, ni artistes, ni prêtres, ni soldats!...

Je te salue! Patrie de la liberté des hommes des champs, et le seul pays de l'Europe, dans lequel ils aient le droit de siéger à l'assemblée nationale!... Malgré ta pauvreté, tu es libre, et tu parviendras à la plus grande prospérité.

44. Tous les peuples agriculteurs en viendront là, où les paysans, les plus éclairés de chaque pays, seront appelés dans les assemblées législatives, et cela pour le plus grand bien du peuple et de l'agriculture.

45. La Suède est libre. La Norwège le sera aussi. Et les efforts qu'elle a déjà faits pour acquérir sa liberté, ne se perdront point de son souvenir. Ils se réaliseront au jour où se fera entendre le cri de l'indépendance.

46. Et toi, Danemarck, tes paysans éleveront un jour leur front vers le ciel; puis ils rentreront en eux-mêmes; puis ils regarderont autour d'eux, et tous diront d'une voix unanime :

« Dieu nous a créés libres : il veut notre liberté, et nous voulons être libres comme tous les peuples qui nous environnent. »

47. Alors, la voix du peuple se fera entendre aux rois, aux nobles et aux prêtres; et il se formera en assemblée nationale, et il se donnera une constitution libérale, et une législation qui assurera l'empire des lois, l'exercice de tous les droits, l'accomplissement de tous les devoirs, et il se réjouira d'être libre comme les autres peuples.

L'Angleterre.

48. Albion! nation libre! Tu as un caractère national, un esprit public, qui fait la force de l'opinion, tu jouis d'une constitution forte, libérale et digne de toi, dis-tu?

Mais les paysans, ou le peuple, sont-ils aussi libres chez toi que tu le dis? Les lords sont-ils les amis du peuple? Les ministres sont-ils les amis de la paix et de l'union? ils sèment la discorde; ils recueilleront la haine de tous les peuples du monde. Ton gouvernement est le meilleur du monde pour le riche; mais il est le plus mauvais de tous pour le pauvre.

49. Chez toi, le peuple est souverain, le roi est citoyen, les nobles sont souvent des hommes

généreux et libres. Et les paysans, sont-ils aussi des hommes et des citoyens libres ? s'ils ne le sont pas, ils le seront un jour. Et le peuple pauvre fera la loi au peuple riche quand le temps sera venu , et il n'est pas éloigné.

50. La voix du peuple s'est faite entendre chez toi plus que chez aucune autre nation; et ses représentans ont soutenu avec force et énergie les droits des peuples, les principes de la liberté , les pensées généreuses et toutes les idées libérales. La voix des peuples te rend justice. Tu as contribué à les rendre libres et indépendans. Mais tu as un ministère qui achète au prix de l'or le sang des hommes, qui donne sans cesse des armes pour le verser par torrent; mais sa politique sera connue et dévoilée un jour : c'est un serpent que tu nourris dans ton sein ; et son venin , qu'il jette sur le continent, te causera une maladie mortelle. Tu n'as point de plus grand ennemi. Détruis-le.

Jettes plutôt ton or dans l'Océan que de le donner aux faux politiques pour payer les guerres étrangères et pour trafiquer du sang des peuples ; car la voix de tous les peuples s'élevera contre toi. Ou bien, emploie tes forces et tes richesses pour rendre la liberté et l'indépendance à tous les peuples qui les ont perdues.

Il est de ton intérêt d'être aussi juste que tu es quelquefois généreuse, d'être de bonne foi avec tous tes voisins, et surtout de ne point les animer les uns contre les autres; car à la fin ils s'animeront tous contre toi.

Conserves ta liberté et ton indépendance; elles sont nécessaires au bonheur du genre humain: mais n'empêches pas les autres peuples d'être libres et indépendans sur terre et sur mer; car si tu veux jouir seule, ô Albion! du bienfait de la liberté des mers, tu n'en jouiras pas long-temps; et tous les peuples des deux mondes se déclareront contre tes prétentions.

La Hollande et la Belgique.

51. Ces deux nations n'attendent que le signal de la liberté pour se déclarer indépendantes. Le peuple élevera sa voix pour réclamer ses anciens droits. Il s'assemblera, et il érigera de nouveau les Provinces-Unies en république. Et les Belges décideront eux-mêmes de leur indépendance, lorsqu'ils entendront la voix de la liberté. Ils se joindront au grand peuple, et combattrons contre leurs oppresseurs.

52. La liberté sera aussi chère à l'ancienne république des Provinces-Unies que sa propre existence; et beaucoup de ses citoyens sacrifieront

leur vie pour la conquérir et la conserver ; car sans elle, la Hollande ne peut prospérer ni être heureuse.

Toutes les villes libres du Nord se déclareront également indépendantes, comme elles le furent autrefois ; et le temps n'est pas éloigné où les peuples qui habitent, depuis les Bouches jusqu'aux sources du Rhin, seront libres.

L'Helvétie.

53. Je te salue, patrie de Guillaume Tell ! je te salue, peuple des Alpes ! Là, le berger est roi; son trône est une montagne, et il n'y a point d'homme qui soit véritablement au-dessus de l'homme. Le citoyen libre est l'égal de son concitoyen : tous sont aussi indépendans qu'ils peuvent l'être. A la vérité ils ont des besoins, des désirs et des passions comme les autres hommes; mais les ambitieux sont en petit nombre, et le peuple des Alpes les mettra à la raison. S'il est attaqué dans ses droits, il renversera tous les petits tyrans des villes fortifiées, ennemies de la liberté des autres cantons suisses.

54. Toute la Suisse sera toujours libre : sa division en petites républiques en est la plus forte garantie. Il y a dans l'Helvétie des Thermopyle,

il ne faut que des Léonidas. Elle aura ses héros.

Puisse toute la terre être divisée en cantons, en départemens, en petites républiques, qui auraient chacune leur constitution, et leur gouvernement, et leurs lois, et leurs institutions !.. Alors il n'y aurait point de grands empires, point de conquérans, point de guerres universelles, point de ces grandes révolutions, qui n'arrivent que parce qu'il y a des rois trop puissans et des peuples opprimés !

Mais les peuples seront libres dans tous les pays du monde, lorsqu'ils en auront la volonté et le pouvoir, lorsque le genre humain sera assez éclairé pour se gouverner librement.

55. La liberté seule développe, élève, instruit, forme, perfectionne, ennoblit le genre humain ; seule, elle vivifie le monde, anime les travaux des hommes, fortifie et embellit la terre ; seule, elle rend les peuples heureux et immortalise les nations.

Le temps viendra où les hommes ne diront plus que *la majesté de l'homme libre*, *la majesté d'un peuple libre*, *la majesté du genre humain*.

Alors, un seul homme libre vaudra plus sur la terre, qu'un million d'esclaves ; et il sera plus grand devant les nations que tous les rois ensemble.

56. La majesté d'un peuple libre brillera d'un plus pur éclat dans la postérité, que toutes les majestés des souverains du monde. Où est la gloire de ceux qui ont régné sur les nations? Qu'est-elle à coté de la gloire immortelle des peuples libres de la Grèce et de l'antique Italie? Le despotisme et l'esclavage sont la honte du genre humain; mais la liberté fera sa gloire éternelle.

57. L'homme, sous le règne de la liberté, conserve toute sa dignité : elle lui ordonne l'exercice de ses droits comme le premier de ses devoirs; et tout homme, tout citoyen libre, qui néglige de les exercer, se rend coupable de lèse-majesté divine et humaine.

Tous les hommes connaîtront leurs droits et leurs devoirs, lorsqu'ils seront libres; et ils auront le pouvoir d'être libres, lorsqu'ils en auront la volonté : tout sur la terre, dépend de la volonté des hommes.

58. De qui émane le droit que s'arrogent les puissances de dire à un peuple libre : *Soyez soumis à nos volontés, à nos lois, à nos intentions?*

Certainement ce droit injuste n'émane ni de

Dieu, ni de la nature, ni des hommes, ni même des nations, mais de quelques souverains qui se donnent le vain titre de *puissances.*

Et la tête de l'homme libre aussi est une puissance : mais la toute-puissance est dans la force du peuple.

Ainsi, le peuple de la Suisse, et de la France, et de l'Italie, et de l'Allemagne, et de toute l'Europe, n'obéira désormais qu'à lui-même.

L'Espagne.

59. La nation espagnole a combattu avec courage et persévérance pour son bien, pour sa patrie, pour sa liberté, et surtout, pour l'usage de sa raison que les ennemis de la vérité veulent lui ravir.

Dieu a entendu la voix du peuple qui a dit à l'univers : *je veux être libre* ; et sa volonté sera accomplie.

Dieu est sourd à la voix des prêtres ; et il emploiera toutes les forces du peuple pour détruire le tribunal odieux de l'inquisition, le plus grand des outrages qui ait jamais été fait à la divinité, à la religion, à l'humanité, et à la raison, dans un siècle de lumières.

Le peuple environné de sa majesté, de sa dignité, et de sa toute-puissance, appellera tous les prêtres de bonne foi à la raison, et à la pratique de la morale de l'évangile.

Ceux qui entendront la voix du peuple, qui est la voix de Dieu, seront honorés comme ses amis : ceux qui ne l'entendront pas, à moins qu'ils ne soient sourds, se déclareront par-là ses ennemis.

60. Les premiers demeureront au milieu de la nation pour enseigner ses enfans. Les seconds seront envoyés dans une île déserte pour défricher la terre et détruire les serpens et les bêtes fauves, qui seront moins dangereux pour eux, qu'ils ne le sont eux-mêmes pour le peuple d'Espagne.

61. A mesure qu'ils reviendront à la raison, ils seront rappelés au sein de leur patrie; et ils feront serment de ne point empêcher les enfans de faire usage de leur raison, et d'exercer leurs droits; ils n'empêcheront point non plus les hommes d'être libres, ni les femmes d'être fidèles à leurs maris, et n'entreront jamais chez elles.

Ils proclameront la tolérance universelle, et se soumettront tous à cette loi raisonnable et juste, que Dieu seul est roi des consciences.

72. Les Cortès sont les amis du peuple : ils lui rendront sa liberté et son indépendance

par la volonté du Très-Haut, et par l'exercice de sa toute puissance.

Alors, le peuple de l'Espagne réunira les Cortès en assemblée nationale, se donnera une constitution libérale, une législation et des lois impartiales, un gouvernement représentatif, et il se réjouira de l'heureuse révolution qui lui aura donné le bienfait de la liberté.

63. Si les prêtres ne veulent point absolument du bienfait de la liberté, s'ils ne veulent point être citoyens de ce monde, alors, ils seront libres d'aller régner dans le royaume des cieux; car la terre rejette de son sein, les inquisiteurs, les tyrans des esprits et des consciences, qui troublent sans cesse la paix intérieure des hommes.

Ces prêtres intolérans sont les ennemis de Dieu, les profânateurs d'une religion sainte, de cette loi d'amour et de charité, qui a été enseignée et pratiquée par l'Homme-Dieu lui-même, et par ses vrais disciples.

Les ministres de sa religion divine, qui ne pratiqueront point la morale pure et simple de l'évangile seront reniés de Dieu et méprisés des hommes; et ceux qui proscriront l'usage de la raison, seront proscrits de la société humaine; et ceux qui persécuteront un seul homme libre pour ses opinions, seront déclarés les ennemis de la liberté de penser, seront chassés par le peuple, et ne trouveront aucun asile sur la terre.

64. La puissance qui a établi le tribunal in-inhumain et anti-religieux de l'inquisition, sera jugée coupable de lèse-majesté divine et humaine par toutes les générations présentes et futures qui en auront connaissance. Elle tombera et ne se relevera point.

L'inquisition sera jugée elle-même par le tribunal auguste de tout le genre humain éclairé, par la raison des hommes libres et par la justice souveraine des nations.

Les prêtres qui en sont les membres n'exerceront plus leur sacré ministère : le Très-Haut rejette leur encens; ils ne les connaît plus pour les ministres de la religion des hommes.

O vous! hommes religieux, si vous êtes capables d'entendre la voix de Dieu, de la raison et de l'humanité, écoutez la voix du peuple. Etes-vous plus que les rois? Entendez cette vérité : « Désormais les hommes ne vous » croiront, qu'autant que vous serez de bonne » foi, mais sans dureté, sincère dans vos paro- » les, désintéressées, généreux, bienfaisans, » humains et surtout, tolérans. »

Vous n'êtes point les ministres de Dieu

vous n'êtes que les ministres de la religion du peuple. Et si vous n'êtes point citoyens de la terre, encore une fois, vous irez régner dans le royaume des cieux, car vous êtes trop orgueilleux pour servir quelqu'un, fut-ce Dieu lui-même, et vous ne vous mêlerez plus des royaumes de ce monde.

65. Une loi universelle ordonnera bientôt chez toutes les nations, le mariage des prêtres : alors ils seront citoyens, nos frères, nos amis; et nous ferons notre paix avec eux, et nous les aimerons, nous les honorerons comme les amis de Dieu, de la nature et des hommes.

66. Le temps viendra où les peuples éclairés par les lumières de la raison, n'adoreront que Dieu en esprit et en vérité, où ils ne seront plus attachés et soumis qu'aux lois simples de la nature, où ils ne rendront plus hommage qu'à la justice et aux vertus de l'homme libre, et où ils n'auront plus d'autre religion que celle de l'humanité.

Mais ce grand œuvre ne sera point celui des prêtres : il sera l'ouvrage des hommes libres.

L'Italie.

67. Le grand jour de la liberté viendra pour les peuples de la belle Italie. Toute la nation

italienne reconquérera son indépendance. Elle vaincra tout ses ennemis. Elle triomphera de tous les obstacles comme l'ancienne Rome.

68. Et Rome deviendra, non le siége de l'ignorance et de la persécution, mais, semblable à un nouveau soleil, elle sera la lumière de l'Italie et le trône de sa liberté.

Et les siècles des Brutus, des Fabricius, des Camilles, des Scipions, des Catons, des Cicérons, renaîtront avec de nouveaux Romains, qui remplaceront les éternels ennemis de la liberté du genre humain, les prêtres.

69. Florence, Gênes, Venise, et toutes les grandes villes d'Italie deviendront libres et indépendantes. Lors même que toute l'Italie ne formera plus qu'un grand Etat; ces villes conserveront leurs libertés: et si cela n'arrive pas, elles se formeront en républiques. Toutes se donneront des constitutions libérales, se gouverneront selon leurs lois, et formeront une confédération.

Plus l'Italie sera tyrannisée par les étrangers, plutôt elle se soulevera, plutôt elle arrivera au jour de son indépendance. Alors, elle se réjouira de n'être plus soumise à l'étranger. Elle ne sera plus la pomme de discorde des rois et des princes, ni la proie des nobles et des prêtres.

Le peuple élèvera sa voix, déployera sa force, sa puissance, et il sera capable de repousser toute attaque, toute invasion.

70. La Sicile aussi marche à grand pas vers sa liberté. Elle ne sera point non plus soumise à l'Italie. Elle aura une représentation nationale, une constitution libérale.

L'île de Corse, et même l'île d'Elbe, et toutes les îles qui environnent l'Italie, se gouverneront aussi elles-mêmes. Et là où il y aura seulement dix à douze mille hommes rassemblés, ils se donneront une constitution et des lois. Et ils seront libres et indépendans. Ils n'obéiront à personne qu'à eux-mêmes.

La Grèce.

71. Je te salue trois fois, cent fois, mille et mille fois, ô terre sacrée des hommes libres, des citoyens vertueux, des héros et des sages! Le soleil éclairera bientôt pour toi le jour de la liberté! Bientôt, elle retournera triomphante sous la beau ciel de la Grèce!...

O patrie d'Hercule, de Thésée, de Léonidas, de Mitiades, d'Aristades, de Thémistocles, de Phocion, d'Epaminondas, de Xénophon, de Philopœmen, réjouissez-vous, préparez-vous à la liberté.

Et vous, fils de Cécrops, de Lycurgue, de Solon et de Socrate, enfans d'Athènes et de Sparte, commencez par développer toutes vos forces, ranimez en vous le courage, l'héroïsme des vos ancêtres.

Cette génération ne passera point sans que la liberté ne fasse tous ses efforts pour rétablir son trône majestueux sur l'Olympe, où elle régnera en souveraine à la place de Jupiter; et, de concert avec la sage Minerve, avec le divin Apollon, les Muses chanteront encore une fois sur le parnasse ses glorieux exploits.

Et là, ses anciens demi-dieux, ses héros et ses sages législateurs, reviendront lui dicter des lois pour la conservation de sa liberté sainte, pour l'exercice de ses droits sacrés, et pour son bonheur éternel.

72. Les montagnes, les vallées, les fontaines, les ruisseaux, les rivières, les fleuves, les bois, les champs et les prairies, se peupleront encore de divinités champêtres, protectrices du berger, du laboureur, de l'habitant des campagnes; et les nymphes, les faunes, les sylvains, accompagnés des poètes, parcouront de nouveau les belles plaines de la Grèce, en chantant la liberté.

L'Attique et le Péloponèse donneront l'élan

à toute la Grèce. La Béotie, la Thessalie, la Macédoine, et la Thrace elle-même, suivront l'impression forte, grande et généreuse qui leur sera donnée.

73. Tous les peuples qui auront entendu le cri de la liberté du haut de l'Olympe, se leveront en masse, se formeront en assemblée nationale, et présenteront une force, une puissance irrésistible à leurs ennemis. Ils seront vaincus en peu de combats ; car ces combats glorieux seront ceux de la liberté contre l'esclavage.

Toutes les provinces et toutes les villes se déclareront libres et indépendantes. Elles renouvelleront l'ancienne ligue des amphictyons, et formeront une confédération formidable et indissoluble.

Toutes les îles de la mer Egée, de l'Archipel, ne feront que répéter le cri universel de la liberté qui retentira dans tout l'Orient; et elles se déclareront également libres et indépendantes.

Les îles Ioniennes, de Crète, de Chypre, et de Rhodes, suivront leur exemple, et elles rétabliront, ainsi que toutes les républiques de la Grèce, leurs anciennes lois et les constitutions libérales.

L'Asie.

74. L'Asie mineure suivra l'impulsion donnée par la nouvelle Grèce. Toutes les villes se déclareront républiques libres. Toutes les provinces se formeront en petits royaumes.

Des armées d'hommes courageux et de citoyens libres, détruiront l'empire des Sultans de l'Asie; mais cette grande révolution ne s'opérera que par degrés.

Elle rendra à la liberté naturelle et primitive la plus belle moitié du genre humain. Les femmes sortiront de l'esclavage, et elles concourront puissamment avec les hommes à l'indépendance de leur patrie, et elles se réjouiront d'être libres et de donner des enfans à la liberté.

75. Les poètes et les sages de l'Asie proclameront partout les principes éternels de la raison, de la vérité, de la justice, de la liberté, de l'égalité, et de la tolérance universelle.

Et le progrès des lumières de la raison, renversera de lui-même l'empire de Mahomet, qui est comme celui de tous les sectaires, l'empire de l'ignorance et de l'imposture.

76. Les Musulmans se réuniront dans la partie

de l'Asie ; dans laquelle ils pourront s'y maintenir et former un corps de nation. L'expérience des révolutions leur donnera des principes plus libéraux et plus conformes à la raison. Des nouvelles lumières feront naître de nouvelles idées de religion, de législation, de gouvernement.

La révolution des esprits en Orient se fera lentement. Elle communiquera par degrés ses principes aux descendans des Chaldéens, aux Perses, aux Mogols, aux habitans des bords du Gange, aux Chinois, aux Japonais, même aux Tartares.

Après avoir parcouru toute l'Asie, par le moyen des poètes, des femmes et des hommes libres de toute croyance, de toute religion, de toute nation ; ces principes libéraux reviendront par les Musulmans en Arabie, en Syrie, en Palestine ; et l'évangile qui se répandra dans tout l'Orient, contribuera beaucoup au progrès de la liberté.

Et les peuples de l'Asie se demanderont : pourquoi ce mouvement universel vers la liberté ?... Et la raison leur répondra, lorsqu'ils en feront usage pour connaître la vérité.

77. Dès que les lumières de la raison se seront fait passage à travers les anciens préjugés de l'Asie, la voix du peuple se fera entendre ; et

les Sultans se persuaderont que c'est la voix de Dieu : et ce ne sera plus le peuple qui se mettra honteusement à genoux, le visage contre terre à leur passage; car il élevera majestueusement la tête vers le ciel.

Mais les Sultans se mettront à genoux, la face contre terre, devant la majesté et la toute-puissance du peuple, pour lui demander pardon de l'avoir offensé et tyrannisé jusqu'à ce jour.

Et le peuple, toujours généreux, pardonnera aux uns, se fâchera contre les autres, mais se remettra et deviendra calme et paisible, à la juste condition qu'il sera gouverné par la raison, la justice et l'humanité.

Cependant les Sultans, race incorrigible, s'il en fut jamais, sous le soleil, chercheront de nouveau à tromper le peuple, entreprendront des guerres pour lui faire croire qu'il a besoin d'eux, qu'il ne peut s'en passer, et, après quelques victoires, ils deviendront plus tyrans que jamais. Mais les foudres divines et humaines, et toutes les malédictions du ciel et de la terre, tomberont sur leurs têtes et sur toute leur race, pour l'instruction de leurs successeurs. Ceux-ci ne profiteront pas non plus des terribles leçons de leurs prédécesseurs. Ils descendront de leurs trônes et seront chassés par le peuple.

Quand le peuple sera appaisé, ils lui feront de nouvelles promesses qu'ils ne tiendront pas. Ils tâcheront de remonter sur les trônes. Et, quand ils y seront assis, ils feront tant de persécutions contre les hommes libres, commettront tant d'injustices et tant de crimes, se rendront si odieux et si méprisables, qu'à la fin les peuples s'en lasseront pour toujours, et que tous les Sultans de la terre présens et avenir, seront à jamais en horreur à tout le genre humain.

Ce qui arrivera en Asie aura lieu dans toutes les autres parties du globe, dans tous les pays et chez tous les peuples gouvernés par des Sultans ou des tyrans; et c'est la vérité, parce que nous le voyons de nos yeux.

78. O vérité! si tu éclairais toujours les rois sur le gouvernement des peuples! qu'il leur serait aisé de s'en faire aimer, chérir, honorer comme les images de la bonté suprême! Si les rois avaient seulement une bonté humaine, de la bonne foi, de la sincérité, de l'amour de la vérité, de la justice, de la simplicité, de la modestie, que ne feraient-ils point des peuples.

Mais s'ils n'ont pas ces vertus en Asie comme en Europe, leur règne ne sera pas de longue durée. C'est ce qu'ils apprendront par l'expérience des révolutions; et ils seront sages, lorsqu'ils seront persuadés qu'ils ne sont que des hommes faibles et mortels, lorsqu'ils entendront la voix du peuple, qui est pour eux la voix de la vérité.

L'Afrique.

79. L'Egypte sera la première qui aura suivi, dans cette partie de la terre, le mouvement de la Grèce vers la liberté. Elle sera aussi la première qui assemblera ses peuples et se déclarera libre et indépendante comme elle le fut autrefois. Elle communiquera ce mouvement généreux à l'ancienne Ethiopie.

Elle se rapellera avec joie son antique sagesse à la vue de ses propres ruines. Elle relevera les restes précieux des monumens des arts et des sciences, qui ont eu chez elle leur berceau. Elle s'instruira par l'expérience des siècles. Elle renouvellera ses lois, ses institutions sages. Elle se donnera une constitution libérale et un gouvernement comme les autres peuples de l'Asie et de l'Europe.

Les villes d'Alexandrie, de Tunis, d'Alger, de Tripoli, et toutes celles qui sont sur les bords de la Méditerranée, s'érigeront en républiques.

Carthage se relevera sur ses ruines et soutiendra l'empire de la liberté par des lois sages.

L'empire de Maroc et les royaumes de l'intérieur de l'Afrique, deviendront avec le temps, des monarchies tempérées.

Les établissemens des Européens se multiplieront sur toutes les côtes de l'Afrique : ils propageront les lumières de la raison, les arts de première nécessité, les sciences utiles, les lois et les institutions libérales dans tous les états libres et chez tous les peuples de cette partie du monde, qui voudront jouir des bienfaits de la civilisation et de la liberté.

L'Amérique.

80. L'Amérique deviendra la véritable patrie de la liberté. Elle y a jeté de profondes racines. Elle portera des fruits que recueilleront tous les peuples qui l'habitent, même ceux qui sont encore dans l'état de nature. Tous les peuples de l'Amérique septentrionale et méridionale, font entendre le cri de la liberté : il retentira dans toute cette partie du globe, et dans tous ses états.

Par la seule puissance de la volonté des peuples, par l'usage de leurs facultés et l'exercice de leurs droits naturels, tous se rendront nécessairement libres et indépendans.

Ils le seront long-temps, parce qu'ils se tiendront la main et se donneront des secours mutuels pour conquérir et conserver leur liberté: ils se réuniront tous contre les ambitieux qui voudraient la leur ravir ou les rendre esclaves.

Toutes les îles de cette grande partie du monde, se déclareront également libres et indépendantes.

Et le temps viendra où l'Europe ne possédera pas un pouce de terre en Amérique : car cette terre est la propriété de ses habitans, des hommes qui la cultivent de leurs mains.

Le temps est proche où les hommes de toutes couleurs, de toute nation, de toute religion, de tous les pays du monde, seront déclarés libres, égaux et frères.

La Polynésie, toutes les terres australes des océans, toutes les îles des mers de l'orient et de l'occident, du nord et du midi, qui seront assez peuplées, seront aussi déclarées libres et indépendantes les unes des autres, quand le temps sera venu, lorsque les hommes qui les habitent seront assez éclairés pour développer toutes leurs facultés, employer toutes leurs forces et faire un usage libre de leur raison.

C'est par la raison seule, que le genre humain pourra acquérir et conserver à jamais sa liberté, son indépendance.

Législation.

81. Les hommes élevés dans l'amour de la justice, pourront être législateurs d'eux-mêmes. Tout homme qui a la plus haute idée de Dieu et de l'homme, qui a la connaissance de la loi de la nature et de la raison, peut être législateur; mais il ne peut l'être de personne, s'il ne l'est de lui-même; et nul ne peut donner aucune loi morale s'il ne la pratique.

Il viendra un temps où les justes, les sages, les vrais philosophes seront les seuls législateurs des hommes, leurs semblables; et ils n'auront sur eux aucune autorité que celle que donnent la sagesse et la connaissance de la vérité.

Le vrai législateur et le plus grand de tous, ne sera point celui qui donnera les *meilleures lois*, mais celui dont les institutions formeront les *meilleurs hommes* : former des hommes qui réuniront la beauté et la force du corps à la beauté et à la force de l'âme, des hommes forts, courageux et libres, des citoyens vertueux; voilà le grand œuvre du législateur.

Les Héros.

82. Quel est le vrai héros? C'est celui qui a développé toutes ses forces, et qui sait les employer pour le plus grand bien des hommes; celui qui sait commander à lui-même et aux autres, celui qui sait être juste en souffrant l'injustice, qui sait pardonner les injures et les offenses, qui protége les justes contre les injustes, les bons contre les méchans, qui soutient de toute sa puissance les droits sacrés de toute l'humanité; celui qui se sacrifie pour son Dieu, pour sa patrie, pour la liberté; et celui qui, par sa vie et par sa mort, a honoré la vertu, a aimé la vérité et observé la justice.

Le plus grand des héros est celui qui fera le plus de bien à sa patrie, qui saura vaincre les plus grands obstacles pour opérer son bonheur, sa régénération, qui saura supporter le plus d'injustices et faire les plus grands sacrifices.

Quel est le grand principe qui fait toute la force des héros? La confiance dans le Dieu fort qui agit en eux, et dans l'emploi des forces supérieures que leur a données la nature; en une vérité, c'est l'emploi le plus généreux de la vie et le mépris de la mort.

Apprendre à vouloir, à pouvoir et à faire le

bien, c'est là l'étude du vrai héros : quand l'homme veut le bien que Dieu veut, et qu'il emploie pour le faire tous les moyens qui sont en son pouvoir, tout lui est possible.

83. Malheur aux hommes et aux peuples qui croient que la pratique de la vertu est impossible !

Heureux sont les hommes et les nations qui croient toujours possibles le bien qu'ils veulent faire !

Plus heureux encore ceux qui, semblables à ce généreux Français, (1) regardent le crime comme chose impossible.

Le plus haut degré de force auquel puisse parvenir ce héros, est d'être convaincu que tout est possible pour faire le bien, et que l'homme peut toujours se refuser au mal.

Et quand la vertu rencontrerait tous les obstacles du vice, c'est au héros à les vaincre, à tout homme courageux et libre qui sait commander à ses passions, et être maître de soi par la force d'âme et l'empire de la raison.

Les Rois.

84. Quel est le plus grand des rois? C'est

(1) Le vicomte Dorte.

celui qui est homme. Qu'il est digne du nom qu'il porte, le législateur, le héros, le demi-dieu même, à qui l'on peut dire : c'est un homme !....

Les titres glorieux de législateur, de héros, de roi, de prince, de sage, ne sont donc honorables qu'autant que ceux qui les portent, seront hommes eux-mêmes, qu'autant qu'ils pratiqueront les vertus de l'homme libre.

60. Celui qui est destiné à être roi doit reconnaître une vérité importante pour son éducation, pour son bonheur et pour sa gloire : il doit reconnaître qu'il est homme, et qu'il doit être élevé, instruit, formé en homme.

On doit former en lui le vrai homme, le vrai citoyen, le vrai héros, l'homme fort, courageux, bon, sensible, généreux, humain, bienfaisant, éclairé sur ses devoirs, juste dans ses actions, de bonne foi dans ses paroles, vrai et sincère dans toutes ses pensées.

Il sera le plus heureux des hommes s'il apprend à agir en homme ; car il ne peut faire ni être plus qu'un homme, puisqu'il n'est pas un Dieu ; et il ne sera vraiment roi ou prince qu'autant qu'il sera homme.

Apprendre à obéir à la sagesse, à la raison, à la justice, c'est la première étude de celui qui veut savoir commander aux hommes libres : connaître les lois du devoir et les bornes de l'obéissance, respecter les droits de tousles hommes, c'est ce qu'enseigne cette science.

On n'est pas roi par le trône, mais par la justice et l'amour du peuple. Celui qui veut être roi, doit savoir être juste ; car celui qui ne sait pas être juste, ne sait pas non plus être roi.

La justice des rois consiste à rendre au peuple ce qui lui appartient, sa liberté et la jouissance de ses droits; et le premier droit du peuple sera toujours d'être libre et gouverné par la justice.

Dieu, plus modeste que tous les rois de la terre, veut que tous les hommes lui ressemblent par la bonté et la justice : et si les rois veulent imiter Dieu, ils seront les amis des sages, ils appeleront les justes, les hommes éclairés pour les aider dans le gouvernement des peuples.

Peuple! si ton souverain te gouverne par l'amour, par la vérité et la justice, il exerce sur toi une puissance toute paternelle.

Quelle félicité pour un roi d'aimer tout un peuple et d'en être aimé ! qu'il est heureux, celui qui peut se dire : Je fais des millions d'heureux !

Si un peuple pouvait rendre un roi aussi

heureux qu'un Dieu, il le ferait, à la juste condition qu'il rendrait les hommes aussi heureux que lui.

Les Philosophes.

87. Le temps viendra où les vrais philosophes seront ceux qui diront la vérité aux rois et aux peuples : alors ils seront l'oracle des nations; et dès qu'ils annonceront la vérité, ils seront honorés comme les prophètes de l'humanité.

88. Les philosophes ne sont pas dignes de porter ce nom, s'ils n'ont pas la force et le courage de dire la vérité aux rois, de même que ceux-ci ne sont pas dignes d'être rois, s'ils ne veulent point l'entendre; et ils ne peuvent connaître la vérité que par la voix du peuple ou par la voix des philosophes.

La prophétie du divin Platon est : « que les » peuples ne seront heureux que lorsque la » sagesse et la souveraine puissance seront » unies, ou, quand les rois seront philosophes, » ou quand les philosophes seront rois; et le » temps n'est pas éloigné où cette grande pro- » phétie sera accomplie. »

Et le temps est déjà venu où les princes sont citoyens : on n'attend plus que celui où ils seront de vrais hommes, des hommes justes et libéraux.

La Noblesse et les Nobles.

89. La plus haute noblesse de l'humanité, c'est la réunion des héros généreux et bienfaisans, des sages, des justes, des hommes de bien, des citoyens vertueux de toute nation.

La divinité a empreint le sceau de la noblesse sur le front de l'homme libre.

De même que Dieu existait avant qu'on eut fait des Dieux, la noblesse existait parmi les hommes avant qu'on eut fait des nobles.

Les hommes qui ont fait les premières actions généreuses, étaient *nés nobles*.

Ceux qui ont voulu les imiter, ont institué une nouvelle noblesse qui aujourd'hui se trouve ancienne.

Dès que cette noblesse a été instituée, quelques-uns l'ont véritablement méritée par leurs vertus et leurs talens; d'autres l'ont gardée, parce qu'ils sont nés de ceux qui avaient des vertus et des talens.

La noblesse héréditaire est une injure faite au genre humain: elle est abolie par la loi de la raison et de la justice depuis long-temps.

Et les hommes en viendront là, où ils ne reconnaîtront aucune espèce de noblesse que celle de la vertu.

Alors tous les hommes libres seront ennoblis de leur nature et par eux-mêmes.

L'ancienne et la nouvelle noblesse de tous les pays seront abolies à jamais.

Et les nobles eux-mêmes s'étonneront de voir qu'elle n'est qu'un préjugé nuisible à leurs propres vertus et aux talens qu'ils pourraient acquérir sans elle ! . .

Les Ministres de la Religion du Peuple.

90. Les ministres de la religion du peuple connaîtront un jour toutes les vérités utiles au bonheur des hommes.

Lorsqu'ils feront usage de leur raison, ils enseigneront au peuple à adorer Dieu en esprit et en vérité, au milieu de la nature et des campagnes.

Ils lui apprendront qu'il faut être juste, humain, généreux, bienfaisant avant toute chose; et ils seront les premiers à donner l'exemple.

Ils serviront de pères aux enfans abandonnés; et leur donneront une éducation libérale; ils donneront aux enfans du peuple une instruction réelle et positive, puisée dans la nature, fon dée sur la connaissance des êtres et des choses; ils seront tolérans, et permettront la liberté de l'esprit, de la pensée et de la conscience; ils s'attacheront plus à des actions qu'à des paroles.

Ils enseigneront les préceptes de la morale pratique, de la vertu active, dont les principes sont très-simples et à la portée de tout le monde, des ignorans comme des savans.

Mais ils n'enseigneront point de mystères incompréhensibles, rien de surnaturel, excepté l'idée d'un Dieu unique, éternel, immuable, tout-puissant, libre, sage, prévoyant, souverainement intelligent, bon, juste, tolérant, miséricordieux, tout amour, aimant les hommes de toute nation et de toute religion raisonnable, voulant l'éducation, l'instruction, la perfection et le bonheur de tout le genre humain.

91. Ce n'est pas tout; ils tâcheront d'imiter la bonté de Dieu envers les hommes; ils releveront la dignité de l'homme par la sainteté de leur vie; ils prêcheront l'usage de la raison, la recherche de la vérité, l'observation de la justice; ils établiront le triomphe de la vertu sur le vice par la force de leur exemple; ils soutiendront la cause des faibles; ils chercheront les pauvres honteux et les malheureux jusques

dans les prisons ; ils porteront des consolations aux prisonniers, aux criminels, et les réconcilieront toujours avec Dieu et eux-mêmes, comme ils le font souvent. Ils porteront des secours aux familles indigentes ; les riches les aideront dans ce saint ministère ; ils soulageront les malades, non seulement de corps, mais encore d'esprit ; mais à l'heure de la mort, ils ne leur vendront point le paradis qui appartient de droit divin à tous les hommes bons et sensibles qui font tout le bien et le moins de mal qu'ils peuvent.

Ils instruiront les ignorans ; ils convertiront les méchans et les forceront, par leur douceur et leur humanité, à devenir bons et humains ; ils feront en sorte que les tyrans deviennent doux comme des agneaux ; mais ils ne gouverneront pas à leur place, parce qu'ils pourraient bien, eux-mêmes, devenir tyrans.

Ils diront sans cesse la vérité aux rois, aux princes, aux grands de la terre, et ne les flatteront jamais : ils prêcheront au moins une fois par semaine pour la liberté, pour la justice et contre le despotisme, qui est un crime contre Dieu, *contre la religion du peuple*, contre toutes les lois divines et humaines.

Pour résister aux persécutions des grands de

la terre, ils s'appuyeront sur la force et la toute-puissance du peuple qui ne les abandonnera pas; ils consacreront leur vie uniquement à l'instruire de ses droits sacrés, de ses devoirs envers Dieu, envers la nature, envers l'humanité, envers la société, envers lui-même, envers les autres nations; et, sachant si bien lier les devoirs de la religion, pratiquer et enseigner la morale, observer la loi de la nature et celle de la raison, ces hommes saints seront aimés, chéris, honorés comme les VRAIS AMIS DE DIEU ET DU PEUPLE.

Mais s'ils ne font et n'enseignent point toutes ces choses, ou du moins tout ce qui est possible à l'homme religieux et raisonnable, ils ne seront point considérés comme les amis du peuple; et s'ils font tout le contraire, ils seront toujours considérés comme les ennemis du vrai Dieu et des hommes, leurs semblables.

Le temps est proche où les prêtres de toute nation, de toute religion, seront déclarés *citoyens :* alors ils s'intéresseront plus au perfectionnement de la nature humaine, au bonheur réel de la société, et où ils contribueront à faire de la terre, un vrai paradis terrestre; alors ils seront véritablement les amis du peuple.

Moi.

92. Les prêtres vont crier au *faux prophète*, et ils lui demanderont : *Qui vous a révélé toutes ces vérites ?* — Et il répondra : *L'esprit de pénétration.* — Qui vous l'a donné cet esprit ? — *Dieu et la nature.*—Vous croyez donc en Dieu? — *Oui, et en la nature, parce que je la vois sous mes yeux.* — Est-ce que vous voyez Dieu aussi ? — *Non, mais je le sens, j'en ai l'idée, je vois ses œuvres dans la nature, je l'adore en esprit, voilà tout ce que je puis vous en dire.* — Quelle est votre religion? — *La religion de mon âme* (car mon corps n'en a pas) *est celle de l'amour, de la raison et de la vérité.* — Votre culte? — *Mon culte est l'amour de toutes les vérités utiles au bonheur de mes semblables.*—Mais votre profession de foi?—*Ma profession de foi est l'usage de ma raison, et de l'intelligence que Dieu m'a donné.*—Et votre morale ? — *Ma morale est la connaissance de mes droits et de mes devoirs d'homme et de citoyen.* — Où puisez-vous donc votre loi ? — *Dans ma conscience.* — Par qui est-elle dirigée? — *Par le sentiment et la raison.* — Enfin, où avez-vous puisé toutes les vérités que vous annoncez ? — *Dans l'histoire de l'espèce hu-*

maine, dans l'expérience des siècles, chez les anciens législateurs et les philosophes de tous les âges.

Vas, impie, tu n'entreras point dans le paradis des saints. —

Que Dieu m'en préserve! j'aime mieux l'Elysée des anciens; et je lui demande tous les jours d'aller là où sont les âmes des hommes libres, chanter la liberté avec les citoyens de la Grèce, de l'Italie, de l'Helvétie, de la France, et de tous les pays indépendans.

La Régénération.

93. Rien de nouveau sous le soleil! ce n'est pas une nouvelle mais une ancienne éducation qu'il faut pour régénérer les hommes; et ils auront beaucoup fait s'ils peuvent appliquer tout ce que le monde sait, et ce que l'ancien monde leur a appris. Nous voulons parler des Egyptiens, des Grecs et des Romains vertueux.

Les hommes sont dégénérés, mais les germes de la régénération sont restés en eux; c'est par une éducation mâle et vigoureuse, par une vie simple, active, qu'ils peuvent développer de nouveau toutes les forces de la nature humaine.

Si le genre humain est dégénéré, par quels

principes peut-on opérer une régénération de ses forces ? et si on ne cherche pas les moyens de le fortifier, que deviendra-t-il abandonné à sa propre faiblesse ? — Il faut le laisser aller selon son penchant, dira le monde.

O hommes ! que vous connaissez mal la nature humaine ! et toi, monde que tu connais mal les hommes !

95. Les facultés humaines sont dans tous les temps susceptibles d'un développement et d'un perfectionnement indéfinis ! les forces des hommes, lorsqu'elles sont bien développées, n'ont point de bornes.

Il ne faut que les mettre à l'épreuve, les mettre en œuvre, et elles se développent par elles-mêmes, et elles parviennent au plus haut degrés de puissance et d'énergie.

Il ne faut qu'un seul homme pour mettre le genre humain en mouvement, comme il ne faut qu'un principe moteur pour développer les forces des hommes, comme il ne faut qu'une idée grande et généreuse pour retremper les âmes, pour donner aux esprits une nouvelle direction.

96. Ce n'est point par des raisonnement et des méditations, ce n'est point dans le repos, ni même au sein des richesses et du bonheur :

mais dans la vie la plus active, dans la pauvreté et par l'adversité que les hommes et les peuples se régénèrent.

La providence, qui ne perd point de vue le genre humain, même lorsqu'il est dégénéré, instruit les hommes par le malheur, et les peuples par les révolutions; et, quand on sait leur donner une heureuse direction, de l'excès du mal, doit naître le plus grand bien possible, *la régénération de l'espèce humaine.*

La corruption actuelle est sans doute nécessaire à la régénération des forces de la nature humaine. Mais il se présente de grands obstacles. *C'est la mauvaise opinion qu'ont la plus part des hommes de leurs propres forces; c'est la perte de la confiance en eux-mêmes et de l'estime de leurs semblables.*

Cependant, ne désespérons de rien et ne nous décourageons pas. Les plus grands obstacles sont les plus nécessaires. Le grand point, dans l'éducation des hommes, c'est de leur apprendre à les surmonter, et le plus grand de tous ces obstacles, c'est de soumettre leurs passions à la raison et de se vaincre eux-mêmes.

Il est encore dans presque tous les hommes, des forces inconnues qui n'ont pas été bien développées, et qui n'attendent pour se régénérer que le bienfait d'une éducation plus mâle, plus vigoureuse, plus énergique, plus conforme aux lois de la nature et à la dignité de l'homme libre.

97. O vous! hommes libres, qui avez la force en partage; vous qui aimez la liberté, ayez d'abord une grande confiance en vous-mêmes; ne doutez point de la toute-puissance du courage réuni à la prudence; et attendez des miracles de votre persévérance à combattre pour celle que vous aimez.

L'amour de l'humanité et de la patrie fait les héros et les grands hommes : tous les grands hommes ont de grandes passions; qu'ils apprennent à diriger ces passions vers le bien, et l'effet en sera le bonheur du monde.

Ne vous disputez que la gloire de contribuer à la félicité du monde, de vaincre tous les obstacles qui s'opposent à la liberté des peuples, de combattre tous les vices et empêcher tous les maux qui affligent les hommes.

Employez toutes vos forces pour éloigner le mal qui existe dans les sociétés humaines. Faites-vous hommes, et formez des hommes. Des esclaves, faites-en des hommes forts. Des méchans, faites-en des hommes bons par vos bienfaits. Des injustes, faites-en des justes par votre équité. Soyez invincibles par la vertu, grands par la générosité, magnanimes, par la force d'âme. Soyez enfin, les libérateurs et les pacificateurs des nations, et vous serez les bienfaiteurs perpétuel de vos patries et les héros de l'humanité.

L'opinion et les destinées du Monde.

Il est aujourd'hui, dans le monde civilisé, une puissance morale et intellectuelle, qui est au-dessus de toutes les puissances, c'est L'OPINION PUBLIQUE, formée de l'opinion des hommes libres et éclairés de toute nation, de toute religion, et de celle de tous les peuples.

Elle est une, simple, universelle, immuable, éternelle et indestructible; et son influence sur tous les esprits est égale à celle qu'exerce la souveraine intelligence sur les êtres raisonnables.

Elle est fondée sur l'usage libre de la raison : tout ce qui n'est pas conforme à cette raison souveraine, à la sagesse éternelle, à la simplicité de la nature, à la vérité, même en fait de religion, aussi bien qu'en philosophie et en politique, tombera dans le mépris des hommes.

La vérité seule sera reconnue, aimée, adorée

chez tous les peuples libres et éclairés : elle seule éclairera tous les siècles de sa divine lumière.

Quoiqu'il arrive, il est une grande vérité qui doit rassurer les hommes sur les destinées du genre humain et de leurs patries ; c'est que le règne des rois qui gouverneront les peuples d'une manière conforme à la raison, à la vérité, à la justice, à la sagesse universelle qui éclaire l'opinion publique, *sera immuable* ; et que le règne de ceux qui gouverneront d'une manière contraire à cette puissance irrésistible de la volonté générale, *s'anéantira de lui-même.*

Les gouverneurs du monde, les empereurs, les rois, les princes, les législateurs, les héros, les soldats, les nobles, les prêtres, les magistrats, les ministres, les avocats, les juges, les medécins, les savans, les artistes, les génies supérieurs, les philosophes eux-mêmes seront désormais soumis et jugés par l'opinion publique du genre humain ; et ils ne seront estimés, respectés et honorés de leurs patries et de tous les peuples, qu'autant qu'ils seront les bienfaiteurs et les libérateurs des hommes, leurs frères, leurs égaux, leurs semblables.

Comment les hommes peuvent-ils manifester les opinions particulières qui forment l'opinion générale? C'est en laissant à chacun la liberté d'exprimer sa pensée et de dire la vérité selon sa conscience, et selon qu'il en a la connaissance.

99. L'opinion générale de tout le genre humain éclairé, veut, de concert avec la souveraine intelligence et la raison de l'homme libre, la liberté de la pensée et de l'esprit humain, le droit de dire la vérité, de la publier, de la communiquer toute entière à ses semblables, aux citoyens de sa patrie, aux hommes et aux souverains de toute nation, de toute religion, de toute condition, et par conséquent, la liberté de la presse.

Cette liberté sacrée est le droit naturel et divin de tous les hommes éclairés. Elle est la lumière de l'opinion publique, de l'esprit national de tous les peuples, de la législation et des institutions libérales; elle est la garantie des constitutions et des gouvernemens, le flambeau qui éclaire les monarchies comme les républiques, parce qu'elle fait connaître la vérité aux gouvernans et aux gouvernés. Et sans la liberté de la presse, les gouverneurs du monde ne peuvent connaître la vérité, ni entendre la voix des peuples, ni voir le bien des hommes, ni faire observer la justice dans l'administration des Etats.

Les nations qui proclameront et qui consacreront toutes les libertés de l'esprit humain, tous les principes libéraux, toutes les idées émanées de la raison, de la vérité et de la justice universelle, tous les droits des hommes et des peuples, seront les seules qui prospéreront sur la terre.

Mais toute nation civilisée qui n'admettra pas la liberté de l'esprit, de la pensée et de la presse, la liberté des consciences et des cultes, tout gouvernement qui ne maintiendra pas tous les droits des hommes et des peuples, ne pourra long-temps exister, ni s'opposer, ni résister à la puissance indestructible de l'*opinion générale*, qui s'est prononcée dans toute l'Europe et dans toutes les parties du monde civilisé, pour toutes les libertés du genre humain, pour l'égalité des hommes devant la loi, pour l'indépendance de tous les peuples.

100. Il est donc de l'intérêt des nations, des législateurs et de tous les souverains d'adopter ces principes, d'établir par toute la terre des constitutions libérales, des gouvernemens représentatifs; car toutes ces choses qui sont prédites, s'établiront nécessairement par la force et la puissance de l'opinion, quand même toutes

les puissances religieuses et politiques ne le voudraient pas.

Et tant que le globe tournera sur lui-même et autour du soleil qui nous éclaire, le genre humain travaillera sans cesse à établir sa puissance sur la terre, au développement de toutes ses forces, au perfectionnement de toutes ses facultés, aux progrès de la raison, de la vérité, à la propagation des lumières naturelles, et surtout au grand œuvre de sa régénération, de sa perfection, de son bonheur universel, de sa liberté et de son indépendance, en une vérité, à l'accomplissement de ses hautes destinées.

J. ALPHONSE.

www.ingramcontent.com/pod-product-compliance
Lightning Source LLC
LaVergne TN
LVHW010039230826
846091LV00005B/1777

* 9 7 8 2 3 2 9 4 9 7 2 0 4 *